国語授業に
大変革!

深く読む〝音読〟

―音声入り「意味句読み」実践手引き―

岩下 修 著

学芸みらい社
GAKUGEI MIRAISHA

はじめに

教師になってしばらくたった頃、音読について次のような言葉を耳にするようになりました。

「読点一拍休み、句点二拍休み」

私もやってみたと思います。うーん。何か違う。

ある日の学校訪問。廊下を歩いていると、教室から一斉音読が聞こえてきます。

まさに、「句読点休み読み」。「……は」「……が」「……で」と、助詞ばかりが聞こえてきます。聞こえるのは、言葉でなく、音でした。うーん。やはり違うな。

音読の場は、毎日あります。毎時間のように、試してみました。「この読点は切らない方がいいのでは…」。実際、区切らず読点を飛ばして読んでみる。うーん。この方がいい感じ。あるときは、歩きながら読んでみました。身体の力が抜け自然な感じになるなあ。あるときは、主人公と対役の声を高低で変化させたり、身体の向きを変え演劇風に読んだりもしてみました。いろいろ試行錯誤はしましたが、子ども達には、「相手に届く声ですらすら読みましょう」としか指導できませんでした。

一冊の本の中で、「意味句読み」という言葉に出会います。元ＮＨＫアナウンサー杉澤陽太郎氏が、「現代文の朗読術入門」（ＮＨＫ出版二〇〇〇年刊）の中で、さりげなく言われた言葉でした。

意味句とは、読点とは関係ない、はっきりとした意味の塊
意味句読みとは、意味句ごとに切り、意味を目立たせる読み方

意味句の終わりに印をつけていき、次々と読んでみました。すると、その場に必要な映像が、次々と浮かびます。そして、何より心地よいのです。「求めてきたのは、意味句読みだったのだ。」これが、日本語の理に適った音読法だと確信しました。教師が意味句読みをすることで、子どもの音読も一気に変わることに驚きました。

意味句読みは日本語音読の基本文法

私は、早速、意味句読みを研修会等で紹介してきました。一冊の著にまとめました。意味句読みはあっという間に広がりました。著作の中で、「意味句読み」を話題にしてくれる方も出現。「意味句読み」は、もはや、無視できない存在になってきたようです。

現在、最も見事な意味句読みが行われているのは、午後七時のＮＨＫニュース。意味句の塊が、見事なイントネーションによる発声で、次々と繰り出されてきます。意味句読みというより、意味句語りといった方がよいのかもしれません。

ただし、ネットで大量に流れている音読、朗読を聞くと、「読点区切り」が多いことが分かります。「意味句読み」は、まだまだ浸透しているとはいえません。

そんな中、生成ＡＩで音声が作られるようになりました。当初、機械的だった読みが、かなり人間らしくなってはきています。しかし、大半は、「読点区切り」で読んでいます。そのように、生成させているのでしょう。読点の間の長短の工夫、文末処理など、次々と改善されています。いずれ、ＡＩが意味句読みをしてくれるかもしれません。

杉澤氏等が開拓されてきた意味句読みが、飛躍的に発展する一方、「読点区切り」も継続。これが現状です。一度、広まった言葉の文法は簡単には変わらないのでしょう。しかし、私は、確信しています。

意味句読みをすることで、読み手の読解が深化する。聞き手の読解も深化する。そして、何より、意味句読みをした人も、聞いた人も、心地よくなる。幸せになる。意味句読みが、国語授業を変える。意味句読みで、言葉の世界が広がる。自分の世界も広がる。

本書では、各ページで紹介している作品を岩下が音読し、聞いていただけるようにしました。ぜひ、聞いてみてください。読んでみてください。

岩下　修

目次

1章　意味句読みは日本語音読の基本

2章　意味句読みを身につける

3章　意味句読みを子どもに伝える

4章 意味句読みで国語の大変革を

5章 音読演習

1章　意味句読みは日本語音読の基本

1　意味句読みとは

「意味句読み」とは、「句読点区切り読み」でなく、文の意味のかたまりで間を空け、音読していく方法です。音読のとき、読点で間を空けると、その前に出てきた言葉の映像化が始まります。例えば、「桃太郎」の次の文。

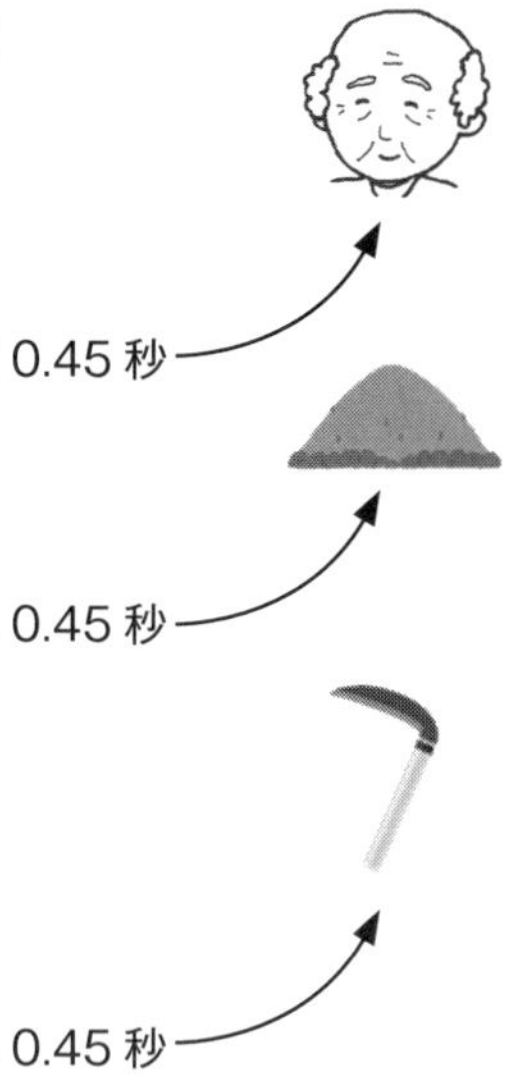

①おじいさんは、②／やまへ、③／しばかりに、④おばあさんは、⑤かわへ、⑥せんたくにいきました。⑦

②で間が0・45秒空くと、脳は、「おじいさん」という言葉を映像化しようとします。音読している自分のおじいさんが浮かぶ可能性もあります。同じように③で間を空けると、山の映像が浮かびます。「読点一

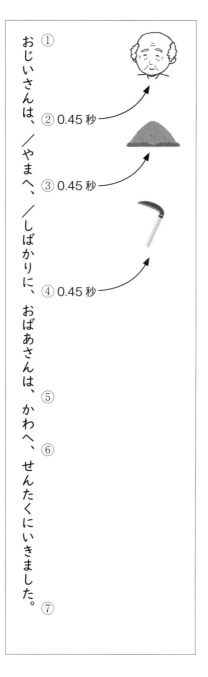

拍休み」をすると、余分な映像や作者の意図しない映像が重複して出てくるおそれがあります。

ここでは、①〜④までが一つの意味句。④で間を空けます。

①おじいさんは、②やまへ、③しばかりに、④／
おばあさんは、⑤かわへ、⑥せんたくにいきました。⑦

「山へ柴刈りに行くおじいさん」の映像が浮上します。④から⑦までを一気に読みおろし、「川へ洗濯に行くおばあさん」の映像を浮上させます。

意味句読みによって、書き手が構想した意味、映像が浮かびます。その音読を聞いた聞き手にも、映像が浮かぶことになります。意味句読みは、辞書にはありません。杉澤陽太郎氏の著「現代文の朗読術入門」で知って以来、活用してきました。日本語音読法の基本と考えます。

♪音読を聞こう・音読しよう No.1

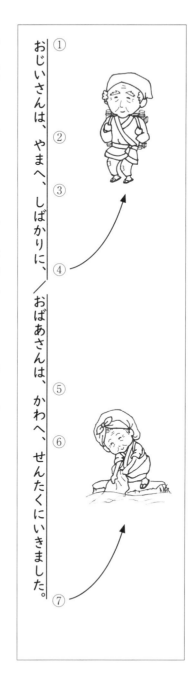

2　意味句読みの心地よさ

意味句読みをしてみましょう。その心地よさに驚かれると思います。意味句読みは、決して難しくありません。文を読むとき、一つの意味が終了するところまで読みます。そこで、息を吸い、次の文を読みます。意味のかたまりごとに間を空け、読んでいきます。必要な映像を一つずつ浮上させていきます。「桃太郎」の中の一文。

A　読点区切り読み（／で区切る）

①おばあさんが、／②川のそばで、／③せっせとせんたくをしていますと、／④川かみから、／⑤大きなももが一つ、／⑥どんぶらこ、／⑦どんぶらことながれてきました。

読点が六つあります。そこで区切り、間が0・45秒空くと、何が起こるでしょう。

①おばあさん　②川で洗濯　③せっせとせんたく　④川かみ　⑤大きな桃　⑥どんぶらこ（音）　⑦流れてくる、という七つの映像を、脳は作り出そうとします。一つの映像が強調されたり、情報不足で映像が浮

上しなかったりします。

そこで、意味句読みで読みます。区切らない読点には、記号をつけておきます。区切るのは、「……すと、」の一カ所だけ。後は、すらすらと読んでいきます。

B　意味句読み

① **おばあさんが、]川のそばで、]せっせとせんたくをしていますと、／**

② **川かみから、]大きなももが一つ、]どんぶらこ、]どんぶらことながれてきました。**

どうでしょう。①「洗濯をしているおばあさん」と②「川上から流れくる大きな桃」の二つの映像が、浮上すると思います。気持ちよく読むことができます。なぜ、気持ちよいのか。それは、理に適った自然体の読み方だからでしょう。

♪音読を聞こう・音読しよう　No.2

3　読点は音の区切りではない

読点は、そもそも、音読のための記号として付されたのはありません。

読点は、書いた文が、書き手にも読み手にも、視覚的に見やすい＝理解しやすいように用いられる言わば「書き方の文法」の一つです。

ある本に書いた私の文を紹介します。四つの文に、十の読点をつけています。ほとんど、無意識に読点をつけました。どんな箇所に読点をつけているか考えてみました。

①一流の人は、
②話が面白いだけでなく、
③話を聞くとき、
④急に、動きを止めます。
⑤音楽家、芸術家、研究者などみんなそうです。
⑥どんなときも、
⑦話している相手の言葉を、
⑧吸い取るように、飲み込むように聞こうとします。
⑨だから、一流になったのでしょう。

～主語のあと
～意味句のあと
～修飾句「聞くとき」のあと
～修飾句「急に」のあと
～並列を際立たせる
～誤読しないように
～修飾句「言葉を」のあと
～並列を際立たせる
～接続詞のあと

この文章をどう音読するか。文の最後の句点の後は、間を空け区切ります。九つの読点のうち、②と⑥の読点は、間を空けて区切ることにし、六つの意味句にして読みます。

「話が面白いだけでなく」までを一意味句とし、間を空けます。また、「どんなときも」は、「**どんなときも、…吸い取るように…聞こうとします**」とつながります。「**どんなときも話している相手**」と誤読されないように、あえて間を空けて読むことにしました。

1　一流の人は、話が面白いだけでなく、／
2　話を聞くとき、急に、動きを止めます。／
3　音楽家、芸術家、研究者などどみんなそうです。／
4　どんなときも、／
5　話している相手の言葉を、吸い取るように、飲み込むように聞こうとします。／
6　だから、一流になったのでしょう。

これが、意味句読みです。読点は、音声区切りの記号ではないのです。読点区切り読みと、意味句読みと、両方、読んでみます。

♪音読を聞こう・音読しよう　No.3

4　読点区切りでは正しい映像が生まれない

すべての読点で切ったり、間を空ける読み。これを「読点区切り読み」と名付けます。
ごんぎつねの1場面に、次の文があります。これを「読点区切り読み」で読みます。

A　読点区切り読み

①？
その中には、／
②芝の根

芝の根や、／
③草の葉

草の葉や、／
④くさった木切れなど

くさった木ぎれなどが、／
⑤ごちゃごちゃ入っている
ごちゃごちゃはいっていましたが、／
⑥？
でもところどころ、／
⑦光っている白いもの
白いものがきらきら光っています。

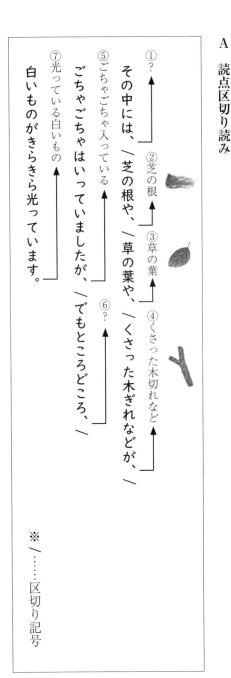

※／……区切り記号

右の文の七つの読点で区切ると、①→②→③→④→⑤→⑥→⑦と、次から次へと、映像が細切れで喚起されていくことになります。しかし、この文が提示しているのは、「芝の根や草の葉やくさった木切れなどがごちゃごちゃ入っている映像」と、「ところどころ魚のはらが白く光ったものが見える映像」です。この一文は、二つの意味句でできているととらえます。どのように読んだらいいでしょう。

B　意味句読み

その中には、芝の根や、草の葉や、くさった木ぎれなどが、ごちゃごちゃはいっていましたが、／でもところどころ、白いものがきらきら光っています。／

①根、葉、木切れ等ごちゃごちゃ入っている

②ところどころ光っている白いもの

右のように、区切らない読点には、自分が分かりやすい印 ］ をつけていきます。Aの読点区切り読みと、Bの意味句読みをしてみましょう。Aだと、「芝の根」「草の葉」「くさった木ぎれ」が不自然にアップで登場したりします。読点区切り読みでは、文が求めている正しい映像が生まれないということです。

♪音読を聞こう・音読しよう No.4

5　意味句読みで読解が深まる

意味句読みで、文の読解が成立します。

前ページの文。読点区切りで読むと、とても不自然な読みになりますね。あまりに次々と、細切れの映像が発生する違和感、そして、「でもところどころ」は、映像が生まれないことの違和感。

加えて、読点区切りによって生じる間によって、その前の「には」「や」「が」などの助詞が自然に強調されてしまいます。映像より、音や節が気になってしまいます。

これらの結果、「読点区切り読み」では、その文から頭の中に再生されるべき映像が生まれにくいことになります。ごんぎつね2の場面にある一文。

A　読点区切り読み

ごんは、／のびあがって見ました。

読点区切りで読むと「のびあがってみました」という音声で、「見た」という行動が浮上しないおそれがあります。これを意味句読みで読んでみます。

B　意味句読み

①のびあがるごん　②見るごん
ごんは、のびあがって／見ました。

短い文ですが、二つの意味句として、途中で間を空けました。ごんがのびあがるという行動のあと、見るという行動をしている映像を浮上させたいからです。

同じく「ごんぎつね」５の場面。加助の言葉。

A　読点区切り読み

おれはあれからずっと考えていたが、／どうも、／そりゃ、／人間じゃない、／神様だ。

B　意味句読み

①　②　③
おれはあれからずっと考えていたが、／どうも、そりゃ、人間じゃない、／神様だ。

この文は、三つの意味句からなるととらえます。「神様だ。」の前では、息を吸って発声。このように意味句読みをすることで、加助の語りと心情が浮上します。

♪音読を聞こう・音読しよう　No.5

6　小学校低学年こそ意味句読み

私は、今まで、低学年を九回担当しています。一年、二年の子ども達の音読は、それ以降の学年とは違います。追い読みで、あっという間に、教師の読みを身につけてしまいます。一つの物語を全部暗唱したりします。劇の台本にある台詞を全部覚えてしまいます。そして、それを忘れません。どうやら、この時期に身につけた言葉や文は、一生モノとして残っていくようです。言語脳は八歳まで発達するとか、八歳までに言語脳の発達は終わるという説に納得してしまいます。

だから、低学年こそ、日本語の理に適った一生モノの音読を獲得させたいのです。私は、低学年から、意味句読みを披露し、追い読みもさせてきました。

光村一年「ずうっと、ずっと、だいすきだよ」の原文。

A　読点区切り読み

すきなら　すきと、／いって　やれば　よかったのに、／だれも、／いって　やらなかった。

B　意味句読み

①すきなら　すきと、〕いって　やれば　よかったのに、／②だれも、〕いって　やらなかった。

読点区切り読みで読むと、意味も映像も生まれにくいです。ここは、明らかに、次の二つの意味句から生成されています。

①すきならすきと言ってやればよかったのに
②だれも言ってやらなかった

「お手紙」の中の一文。これは、もう、意味句読みの方だけ示します。

①それから、〕ふたりは、〕げんかんに出て、／②お手紙の来るのを　まっていました。

玄関に出ている二人の映像と、二人がお手紙の来るのを待っている映像が生まれます。「それから」のような接続詞の後には、読点が打たれていることが多いですが、接続詞の後の読点も、「書き方の文法」です。接続詞の後の読点は、音読の際は、切らない方が伝わります。

♪音読を聞こう・音読しよう　No.6

7　意味句読みで作者の意図を再現

作者のつけた読点は、大事にしなければならないという声があります。賛成です。考えたいのは、読点をつけた作者の大半は、読点を音読区切りの記号として使ってないということです。読点は「読み方の文法記号」でないことは、前述したとおりです。

問題は、作者が読点を打っていないのに、教科書では、読点をつけることです。現在の読点を打つ基準に合わせたり、子どもが読むということを配慮されてのことだと思います。私は、原文を尊重したいと思います。宮澤賢治の「やまなし」の一文。

A　教科書を読点区切りで読む

かにの子どもらも、／ぽつぽつぽつと、／続けて五、／六つぶあわをはきました。／それは、／ゆれながら　水銀のように光って、／ななめに上の方へ上っていきました。

B　青空文庫版（原作）

蟹の子供らもぽっぽっぽっとつづけて五六粒泡を吐きました。／それはゆれながら水銀のように光って斜めに上の方へのぼって行きました。

この箇所だけみると、原作では、二つの文ともに一つも読点がありません。自然に意味句読みになります。賢治が読点の機能をどう考えていたのか、明らかにしたいです。なお、賢治は、「○○は」「○○が」など、主語の後の格助詞のあとは、読点を打っていません。実は、私も、いつも、そのように読みたくなります。「やまなし」から、あと一文。

A　教科書…読点三つ

魚が、／今度はそこら中の黄金の光をまるっきりくちゃくちゃにして、／おまけに自分は鉄色に変に底光りして、／また上の方へのぼりました。

B　原作…読点一つ

魚がこんどはそこら中の黄金の光をまるっきりくちゃくちゃにしておまけに自分は鉄いろに変に底びかりして、／又上流の方へのぼりました。

賢治は、金の光と鉄色を対比させながら、魚の姿を描いたようです。自分の作品を音読するとき、賢治も、意味句読みをしていたのかもしれません。

♪音読を聞こう・音読しよう　No.7

8　意味句読みで話す力も身につく

音読を聞いて、大変ショックを受けた思い出があります。

小学校の教師をしながら、大学で講師をした時期がありました。教職を目指す学科でした。その教室でのこと。教材を配り、模擬授業することにしました。いつも小学校でしているように、追い読みからスタートしました。ところが、いつもけっこう大きな声を出している学生達なのに、ほとんど声が出ません。「えっ、音読……」と、戸惑いの空気が漂い、笑いだす学生まで。ショックでした。後で、聞いてみると、中学、高校と国語の授業で、ほとんど音読をしてこなかったということでした。そう言われてみると、私自身、大学の講義はもちろん、中学、高校の国語授業で、音読をした覚えはありませんでした。

もう一つ、ある小学校での研修会でのこと。司会をされているK先生の流暢な語りを、ほれぼれして聞いていました。先生方に、音読をしてもらうことになりました。K先生の番になりました。すると、不自由そうに、読点区切りで読みだしたのです。K先生。教師になって、どこかで、「読点一拍休み、句点二拍休み」の洗礼を受けたのでしょう。豊かだった声は、文節末、文末で大きな節となっていました。それが気になり、意味、映像はどこかへ行ってしまいました。研修会の後、K先生にちらっと言いました。「先生の話し方、すばらしいです。あの話し方を使って、音読もされたらいいです……ね」、K先生、今一つ浮かない顔でした。この十数年、話し方と音読の仕方を分けてこられたのでしょう。

北京大学付属小学校を訪問したときのこと。三日間、学校にいたのですが、授業とは別に、音読タイムが、一日に何度もありました。高学年の教室からも、ガンガン声が響いてきます。日本では、高学年になるに従い、音読させる機会が減っていきます。教師も子どもも、それを当たり前のように受け止めてしまっています。私は、中国の先生に、聞いてみました。「なぜ、何度も音読するのですか」。すると、「それは、コミュニケーションに必要だからです」と、躊躇なく即座に返ってきました。「やられた」と思いました。

日本では、話し方と音読の仕方を分けて考えています。コミュニケーションに必要なのは、心地よいイントネーションによる意味の伝達です。息の吐き出しとともに発声していく意味句読み音読は、意味句語りの土台になります。話す力を高めます。私も、最近、口にしています。

意味句読みは、話す力も高めます

2章　意味句読みを身につける

1　意味句を探す

意味句読みをするためには、一文のどこまでが一つの意味句であるか確認しなければなりません。短い文は、一文がそのまま意味句になりますから問題ありません。「ごんぎつね」に出てくる次の一文もそうです。

〔一文一意味句で読む〕

そうれつは、墓地へ入ってきました。

読点で区切らず、スラスラと読んでみてください。読点区切りがくせになって、区切りたくなる方は、次のように、まず主語と述語だけ二、三度読んでみてください。

そうれつは入ってきました。

そのあと、「墓地へ」を挿入して読みます。

そうれつは墓地へ入ってきました。

どうでしょう。これで、スラスラ読めると思います。

それでは、次の文はどうでしょう。

ごんは、ひとりぼっちの小ぎつねで、しだのいっぱいしげった森の中に、あなをほってすんでいました。

この一文は、「ひとりぼっちの小ぎつね」「森の中にあなをほってすんでいる」と二つの意味句ととらえて読むことをお薦めします。

〔二つの意味句で読む〕

①**ごんは、ひとりぼっちの小ぎつねで、**／②**しだのいっぱいしげった森の中に、あなをほってすんでいました。**

もう一つ、一文を二つの意味句で読みたい文です。

①**ごんは、見つからないように、そうっと草の深い所へ歩きよって、**／②**そこからじっとのぞいてみました。**

どうでしょうか。「歩きよるごん」と、「のぞいてみたごん」の姿が浮かぶと思います。

♪音読を聞こう・音読しよう No.8

2　高く出て息の吐き出しとともに低く

意味句読み。何だかうまく読めないという方がいるかもしれません。それは、音の出始めに問題があると思われます。「一文を読むときは、高くから出る。発声しながら、息を吐いていく。声も自然に低くなる」。高梨啓一郎氏の著から学んだことです。学校の先生の音読には共通の「調子読み」があると氏は言われます。
次のA（イメージ図）のように、出だしの音を低く出し、後半を高くしたりすると言われます。

A　低く出て後半高くする読み方

こんなことを
考えながら
やってきますと、／
いつのまにか、
兵十の
うちの前にきました。

「こんなことを」と低く出て、「やってきますと」を高くする。息継ぎの後、「いつのまにか」がまた低く出て、「うちの前に…」を高く読む。確かに、よく耳にする読み方です。意味句読みをしても、これでは、低↓高↓低↓高という節が気になってしまいます。そこで、Bのように読みます。

B　高くから出る読み方

①こんなことを
　考えながら
やってきますと、／
②いつのまにか、
　兵十の
うちの前にきました。

①「こんなことを」と高くから出て、息を吐きながら、「やってきますと」まで読む。「ますと」は、少なくなった息で、ていねいに低く読む。（ここまでで一映像）
②息を吸い、「いつのまにか」を再度、高くから発声。息を全部吐き出しながら「きました」を低く読みます。これで、読み手にも聞き手にも、映像が浮上します。

♪音読を聞こう・音読しよう　No.9

3　言葉を粒立てる

意味句読みをする際、必要なのが「言葉の粒立て」です。「言葉の粒立て」、あまり聞き慣れない言葉です。杉澤氏の前掲著で、これを知ったとき、意味句読み同様、目から鱗でした。例えば、次の五つの言葉。

A　いろは読み

きｰつｰね
おｰてｰがｰみ
ごｰんｰぎｰつｰね
しｰろｰいｰぼｰうｰし
だｰいｰぞｰうｰじｰいｰさｰんｰとｰがｰん

一音一音をはっきり音声化すると、「kI」「thU」「nE」と母音が強調されます。三つの音が聞こえます。このような「音（おと）読み」では、「きつね」の姿は、浮上しません。では、どう読めばよいでしょう。

B　言葉の粒立て読み

・きつね
・おてがみ
・ごんぎつね
・しろいぼうし
・だいぞうじいさんとがん

言葉を発声する前に、ちょっと「ため」（・）を入れた後、一気に読み下すことで「きつね」という言葉＝像を浮上させます。これが「言葉の粒立て」です。

六百年前、世阿弥は、次のような言葉を残しています。「惣じて、音曲をば、いろは詠みには謡わぬ也」。この言葉に対して、観世栄夫氏は、次のように説明されています。「能の発声は、一音一音を引き延ばしている印象があるが、……語幹をくっつけて発音して詞章を生かさねばならない」。世阿弥が言っているのは、まさに、「言葉を粒立てよ」ということだと考えられます。

♪音読を聞こう・音読しよう No.10

4　言葉の粒立て＋意味句読み

「粒立て」は、一文を読むときにも、意識したいです。せっかく意味句読みをしても、言葉の粒立てが甘いと、音が浮上し、映像が生まれません。「ももたろう」の冒頭を、あえて、「いろは読み」と、「意味句読み」で読んでみます。

A　いろは読み＋意味句読み

お－じ－い－さ－ん－は、－や－ま－へ－し－ば－か－り－に、／
お－ば－あ－さ－ん－は、－か－わ－へ－せ－ん－た－く－に－い－き－ま－し－た。

よく、「ハキハキ読みましょう」と指示する先生がいます。これは、少々心配です。一音一音はっきり発声する読みは、「いろは読み」になるおそれがあります。ゆっくりとした読みでは、結果的に音が前面に出てしまいます。その結果、映像が喚起されないからです。

「スラスラ読みましょう」の指示がなぜよいのでしょう。この指示は、結局は、「粒立て読み」を促すことになるからです。

B　言葉の粒立て＋意味句読み

①
おじいさんは、やまへしばかりに、／

②
おばあさんは、かわへせんたくにいきました。

「おじいさん」、「やま」、「しばかり」、「おばあさん」、「かわ」、「せんたく」、「いきました」という言葉を粒立てることを意識した上で、意味句読みをします。次の二つの映像を浮上させます。

①「山へしばかりに行くおじいさん」
②「川へせんたくに行くおばあさん」
この二つの映像がくっきり浮上すると思います。

♪音読を聞こう・音読しよう　No.11

5　文末で音を落とす

現代日本語文は、文末表現は、「ました」「でした」「だ」「である」等、大変限られています。「ごんぎつね」2の場面にある二十の文のうち、何と、十八の文末が「ました」でした。例えば、次のような箇所がありま す。音読しやすいように、改行してみました。

① 話し声も近くなりました。
② そうれつは墓地へ入ってきました。
③ 人々が通ったあとには、ひがん花がふみおられていました。

短い一文の「ました」が連続して出てきます。「ました」が次第に増幅されていく感じになります。音読者は、自分が発した「ました」の音に邪魔され、大事な情報の映像化を妨げられてしまいます。「ました病」とでもいう現象です。

「ました病」は、音読を聞いている人にも影響を及ぼします。「ました」という音が耳についてしまいます。やはり、映像の喚起に甚大な影響を及ぼしてしまいます。どうしたらよいでしょう。

文末は音を落とし情報部分を浮上させる

次のようなイメージです。

◎文末落とし読み

①　話し声も近くなりました。
②　そうれつは墓地へ入ってきました。
③　人々が通ったあとには、くひがん花がふみおられていました。

「文節末りきみ」「文末りきみ」は、学校現場だけの問題ではありません。アナウンサーやナレーターの中にも、相変わらず、「文節末りきみ」や「文末りきみ」の方がおられます。私が過敏すぎるのかもしれません。たったの一音で私は、その番組に集中できなくなってしまいます。語り手の声が気になると、情報部が遮断されてしまいます。

逆に、「文末りきみ」を解消するヒントを与えてくれる方もいます。文末で、声をぐっと落としたり、無声化したりすることで、情報部を浮上させているような方の読みをお手本にしたいです。

♪音読を聞こう・音読しよう　No.12

6　教材に音読の記号をつけよう

音読する前に、教材文に、三つの記号をつけます。
まずは、すでに、本書でも使ってきた記号。
「＼」……**読点で区切らずに続けて読むという記号**
次に、区切り記号です。ここまでは、すべて、「／」をつけてきました。
この区切り記号を二つに分けます。
「・」**（ため間）……息を止め少し間を空けるときの記号**
「＜」**（息継ぎ間）……息を吸ってから発声するときの記号**

「ごんぎつね」の次の一文を例に、記号をつけてみます。

①意味句　（ため間）　②意味句　（息継ぎ間）
兵十は、＼それから、＼びくをもって川から上がり、・びくを土手においといて、＜
③意味句
何をさがしにか、＼川上の方へかけていきました。

右の文は、
①「**兵十がびくを持って川から上がる**」②「**兵十がびくを土手におく**」③「**兵十が川上へかけていく**」
という、三つの意味句からなると考えます。
①と②は「びくをもって川から上がりおく」という一連の行動と考えます。**①意味句も②意味句も短いです。そこで、①の最後はため間にし、②意味句を読みました。**その後、息を吸って、**③の兵十の行動を読み下ろしていきました。この**①の最後を息継ぎ間にしてもよいかと思います。どちらがよいか、実際に、音読してみることをおすすめします。

私は、次のようなときに、ため間を使います。

1　前後の意味句が短いとき
2　ため間を入れないと、聞いて誤解をまねく心配のあるとき
3　読点の前や後の言葉をとくに強調したいとき

どこで意味句にするか、息継ぎ間（＜）にするか、ため間（•）にするか検討する
これが、第一の教材研究です。

♪音読を聞こう・音読しよう　No.13

7　長い一文を意味句読みする

中には、大変に長い一文もあります。どう意味句読みしたらよいか、悩む人も出てきそうです。例えば、「大造じいさんとガン」の中の一文。

A　元の文

じいさんは、長年の経験で、ガンは、いちばん最初に飛び立ったもののあとについて飛ぶ、ということを知っていたので、このガンを手に入れたときから、ひとつ、これをおとりに使って、残雪の仲間をとらえてやろうと、考えていたのでした。

一文に、読点が九つあります。読点区切り読みをしたら、もうバラバラの映像しか浮かびません。この文は、四つの意味句からできていて、間は三カ所と考えました。私は、息を吸う「息継ぎ間＜」を一カ所、息を止める「ため間・」を二カ所に設定しました。

B　意味句読み

①じいさんは、長年の経験で、・
②ガンは、いちばん最初に飛び立ったもののあと
について飛ぶ、ということを知っていたので、＜
③このガンを手に入れたときから、・
④ひとつ、これをおとりに使って、残雪の仲間をとらえてやろうと、考えていたのでした。

意味句①が11字、意味句②が39字、意味句③が14字、意味句④が36字です。

まず、意味句①の「じいさんは」を高くから出ます。意味句①は字数11字と少ないので、ここでは、「長年の経験で」のあと、ため間（•）で間を空け、意味句②「ガンは、いちばん最初に飛び立ったもののあとについて飛ぶ……」へとつなげていきます。ここで、素早く息を吸い（＜）、高い音から意味句③「このガン……から」までの14字を読みます。ため間•を入れ、その後④の「おとりを使って……とらえてやろうと考えていた」と36字を一気に読み下ろしていきます。

♪音読を聞こう・音読しよう No.14

8　長い一文音読の練習法

意味句が長すぎて、一息で読めない文はないでしょうか。どうしたらよいか、練習してみましょう。

「大造じいさんとガン」の中の次の一文。

①意味句
残雪は、このぬま地に集まるガンの頭領らしい、なかなかりこうなやつで、く
②意味句
仲間がえをあさっている間も、油断なく気を配っていて、りょうじゅうのとどく所まで、決して人間をよせつけませんでした。

問題は、②意味句です。53字あります。まず、次に示す1の文だけ読みます。続けて、文節を一つ付け加えて2、3と読んでいきます。

1　仲間がえをあさっている間も、決して人間をよせつけませんでした。

2　仲間がえをあさっている間も、りょうじゅうのとどく所まで、決して人間をよせつけませんでした。

3　仲間がえをあさっている間も、油断なく気を配っていて、りょうじゅうのとどく所まで、決して人間をよせつけませんでした。

どうでしょう。息の吸い込みが深くなり、楽々と読めたのではないでしょうか。

ここで、一つ、チャレンジです。この文を、一意味句として読んでみませんか。ここまでしてきた練習を活用します。しっかり息を吸い高くから出る。息の吐き出しとともに発声。最後は、少ない息で、低く読み下ろす。私もやってみます。

一文一意味句読みで

残雪は、このぬま地に集まるガンの頭領らしい、なかなかりこうなやつで、仲間がえをあさっている間も、油断なく気を配っていて、りょうじゅうのとどく所まで、決して人間をよせつけませんでした。

♪音読を聞こう・音読しよう No.15

9　会話の音読法

会話の部分が出てくると、先生がよく口にする言葉。

「その人物になりきって読みましょう」

子どもは、声色を変えて読んだりします。すると、仲間から「すごい!」という声が出たりします。私は違和感を感じます。「なりきり音読」のあとに残るのは、なりきろうとして作った声色であり、その子の努力の姿勢です。では、どう読んだらいいのでしょう。

1　地の文を語っている語り手（話者）に、その会話の言葉が聞こえてくるように読む

2　視点人物（話者が人物に重なっている）が語る場合、地の文を100としたら、80〜120ぐらいのレベルで読む

ごんぎつねでごんはいわし屋の声を聞きます。

「いわしの安売りだあい。生きのいいいわしだあい。」

いわし屋になりきって叫んだら、いわし屋に語り手がいることになってしまいます。ここでは、あくまで、ごんの側に語り手がいて、どこかで聞こえるいわし屋の声を聞いているのです。いわし屋の姿さえ見えていないのです。次のようなイメージで読みます。「80」のレベルです。

「いわしの安売りだあい。生きのいいいわしだあい。」

その後、ごんはその「いせいのいい声のする方へ」走って行きます。すると、次の文が登場。

と、弥助のおかみさんが、うら戸口から、
「いわしをおくれ。」と言いました。

ここも、おかみさんになりきってはいけません。おかみさんの声をごん＝語り手が聞いているのです。むしろ、「90」ぐらいで読みます。

「大造じいさんとガン」の最後の場面。じいさんは、**「おーい。がんの英雄よ…」**と残雪に向かって叫びます。ここは、語り手は、限りなくじいさんの近くにいます。視点人物はじいさんです。「２００」ぐらいで読みたくなるかもしれません。もし「２００」で読んだら、その大声に邪魔され、読み手も聞き手も、この世界から飛び出てしまいます。ここは、「１２０」で。じいさんが叫んでいる様子を表現すればよいのです。

♪音読を聞こう・音読しよう No.16

10　わかちがき文も意味句読みで

低学年の物語教材は、わかちがきで書かれたものがあります。ひらがなが多い文章は、一字すき間を空けないと、読みにくいからでしょう。

わかちがきは、文節ごとにつけられたり、単語ごとにつけられたりします。が、教科書の場合、とにかく、読みやすさを最優先に使われています。例えば、「お手紙」の中の次の一文。

A　がまくんは、ベッドで、おひるねをして　いました。（K社1年下）
B　がまくんは、ベッドで　お昼ねをしていました。（M社2年上）
C　がまくんは　ベッドで　おひるねを　していました。（絵本文化出版局）

Aを見た先生も、Bを見た先生も、当然、わかちがきに気づくでしょう。そして、「わかちがきは、見て分かりやすくつけられたんだから、ここは、間を空けずに読もう」と。問題は、次のような思いが発生することです。

「読点は、区切って間を空けよう」

わかちがきと差別化したくなりますね。ここでは、読点やわかちがきに惑わされず、意味に目を向けてみましょう。なお、絵本には、読点はつけられていませんでした。AもBもCも、もとは、同じ文です。同じ読みになるはずですね。さて、記号をつけてみましょう。

意味句読み

A　**がまくんは、］ベッドで、］おひるねをして］いました。**（K社1年下）
B　**がまくんは、］ベッドで］お昼ねをしていました。**（M社2年上）
C　**がまくんは］ベッドで］おひるねを］していました。**（絵本文化出版局）

絵本の大半は、句読点に加えて、わかちがきが使われています。絵本を読み聞かせする際も、「わかちがきとばし」と、「読点区切り」になりがちです。
絵本は、絵に助けられる感じで、音読の方が、ついつい軽視されがちになります。絵本こそ、意味句読みで読みたいものです。そのためにも、「わかちがき」で書かれた文章こそ、意味句を意識し、句読点をつけてほしいものです。

♪音読を聞こう・音読しよう No.17

11　文語文こそ意味句読みで

文語文は、もともと、句読点が打たれていません。句読点が広く使われだしたのは、今から、一一〇〜一三〇年前だと言われています。例えば、竹取物語の冒頭。

A　原文

今は昔竹取の翁といふ者ありけり野山にまじりて竹を取りつつよろづのことに使ひけり名をばさぬきのみやつことなむいひけるその竹の中にもと光る竹なむ一筋ありけるあやしがりて寄りて見るに筒の中光りたりそれを見れば三寸ばかりなる人いとうつくしうてゐたり

※翁……おきな　一筋……ひとすじ

とても読みにくいように見えます。声を出してみると、何とか読めていきます。結局、次の、六つの文でできていることが分かります。

① **今は昔竹取の翁といふ者ありけり**
② **野山にまじりて竹を取りつつよろづのことに使ひけり**
③ **名をばさぬきのみやつことなむいひける**

④ **その竹の中にもと光る竹なむ一筋ありける**
⑤ **あやしがりて寄りて見るに筒の中光りたり**
⑥ **それを見ればば三寸ばかりなる人いとうつくしうてゐたり**

「けり」「ける」「たり」等の終助詞が、句点の役目をしています。繰り返し読んでいくと、原文もつらつらと読むことができるようになります。自然に、意味句読みになっています。昔の人の読みが分かる気がします。

その後、句読点を入れた文を見てみましょう。

B　原文に句読点を入れたもの

今は昔、竹取の翁といふ者ありけり。野山にまじりて、竹を取りつつ、よろづのことに使ひけり。名をばさぬきのみやつことなむいいける。その竹の中に、もと光る竹なむ一筋ありける。あやしがりて、寄りて見るに、筒の中光りたり。それを見れば、三寸ばかりなる人、いとうつくしうてゐたり。

どうでしょう。読点の存在が気になってきませんか。驚きました。ネットで調べてみると、句読点を入れたものを原文としています。更に驚いたのは、何と、多くの朗読者が、読点区切りで読んでいることです。

♪音読を聞こう・音読しよう　No.18

12　漢詩の読み下し文の音読

「漢詩の読み下し文」は日本人の大発明。千数百年前、漢詩を知った日本人は、漢語を残しながら、部分的に和語にし、見事な和漢混交文（読み下し文）を作り上げました。そのリズミカルで力強く美しいこと。

春暁《しゅんぎょう》
孟浩然《もうこうねん》（六八九〜七四〇）

春眠《しゅんみん》暁《あかつき》を覚えず
処処《しょしょ》啼鳥《ていちょう》を聞く
夜来《やらい》風雨の声
花落つること知る多少

漢詩の読み下し文には、句読点がつけられていません。詩として扱われたからでしょう。一行、一文、一意味句で構成されています。ただ、ただ、読み下ろしていき、息継ぎ間を空けていきます。

次のように、元の形で紹介し、音読みをさせることもよくします。

春暁
孟浩然

春眠《しゅんみん》不《ふ》覚暁《かくぎょう》

処《しょ》処《しょ》聞《ぶん》啼《てい》鳥《ちょう》
夜《や》来《らい》風《ふう》雨《う》声《せい》
花《か》落《らく》知《ち》多《た》少《しょう》

同じく、春が出てくる漢詩を紹介します。

胡《こ》隠《いん》君《くん》を尋《たず》ぬ　高啓《こうけい》（一三三六～一三七四）

水を渡り復《また》水を渡る
花を看《み》環《また》花を看《み》る
春風《しゅんぷう》江上《こうじょう》の路
覚えず君が家に到《いた》る

漢詩の音読で読み手の声が変わります。母音を利かせ、はらに力を入れ、身体全体で響かせていきます。すると、「日本語ってこんなに豊かだったのか」と驚くような声が出てきます。姿勢までよくなってくる感じです。まずは、教師が、読んでみましょう。

♪音読を聞こう・音読しよう No.19

13　論語の音読法

論語は、何と二五〇〇年前の孔子の言葉です。弟子達との問答を記したものです。日本でも、千数百年前から、連綿と読まれてきたようです。論語の場合は、漢字で書かれた白文を読み下してきたようです。

白文

子曰、「己所不欲、勿施於人。」

読み下し文の例

子曰《い》はく、「己《おのれ》の欲せざる所、人に施《ほどこ》すこと勿《な》かれ。」と。

音読する際は、曰わくと、孔子の言葉とで、二つの意味句に分けます。「子曰わく」の後は、息継ぎ間を空け、「所」の後は、「ため間」を入れます。

論語は、藩校などで、素読されてきたようです。素読とは、「文章の意義の理解はさておいて、まず文字だけを声を立てて読むこと」（広辞苑）とあります。しかし、二五〇〇年前に、人間について、こんな洞察がなされていることに驚きます。子ども達にも、現代語訳を紹介したくなります。

現代語訳

孔子先生はおっしゃいました。「自分が人にされていやだと思うことは、人にもしてはいけません。」

あと、三点、読み下し文の音読法を紹介します。

読み下し文

子曰わく。＜「君子は義に喩《さと》り、・小人《しょうじん》は利に喩《さと》る。」と。＜
子曰わく。＜「過ちて改めざる、・是を過ちと謂《い》ふ。」と。＜
子曰わく。＜「三人行《おこな》へば、必ず我が師有り。＜其の善なる者を択《えら》びて之《これ》に従ひ《い》、＜其の不善なる者は之を改む。」と。

ぜひ、ご自分にぴったりとくる論語を見つけ、音読してみましょう。

♪音読を聞こう・音読しよう No.20

14　短歌の音読法

短歌の読みと言えば、語頭や語尾を低くしたり語尾を伸ばしたりする、百人一首の読みを思い浮かべます。そんな読みをする必要はありません。上の句（五七五）と下の句（七七）で、間を空けることで、意味も浮上します。短歌は歌です。音数を意識し、読めばいいのですが、時に、意味、映像も意識しながら、リズミカルに読むことをお薦めします。

原文

岩走《いわばし》る垂水《たるみ》の上のさわらびの萌《も》え出《い》づる春になりにけるかも
志貴皇子《しきのみこ》（?〜七一六）

リズム読み＋意味句読み

①意味句
岩走《いわばし》る垂水《たるみ》の上のさわらびの萌《も》え出《い》づる春になりにけるかも
＜②意味句

少し詳しく見てみましょう。

①いわばしる●●●
②たるみのうえの●
③さわらびの●●●
④もえいずるはるに
⑤なりにけるかも●
⑥
⑦
⑧

短歌は、基本的に、五七五七七音で作られています。が、よく聞くと実は、各行が八音で組み立てられています。いわばしるの五音の後、三拍の休みがあります。たるみのうえの七音の後は一つの休みです。●が入ることによってリズムが生じます。

リズム読み＋意味句読み

①意味句　＜　②意味句

君がため春の野に出でて若菜摘む我が衣手に雪はふりつつ

光孝天皇（八三〇～八八七）

この歌の場合、「春の野に出でて若菜摘む」は、間を空けず読みます。

♪音読を聞こう・音読しよう　No.21

15　俳句の音読法

俳句も歌です。五七五の音数で歌になります。短歌よりも映像喚起力が強力です。どう読んだらよいでしょう。

わかあゆの・二手になりてのぼりけり 正岡子規（一八六七〜一九〇二）

「わかあゆの」で間（ため間）を作ります。はっきりと若いあゆの映像が浮かびます。若いあゆがどうなるかと一瞬、思います。すると、「二手になりてのぼりけり」と出てきます。何匹ものあゆ達が、二つに分かれてのぼっていく映像が浮かびます。

①②③④⑤⑥⑦⑧ わかあゆの●●● ふたてになりて● のぼりけり●●●

短歌より言葉が少ない分、余白が大きく、生まれる映像も鮮烈になります。
次の俳句は、どう読んだらいいのでしょう。

夏河を越すうれしさよ手に草履
与謝蕪村（一七一六～一七八四）

なつかわを●●●
こすうれしさよ●
てにぞうり●●●

なつかわをこす●
うれしさよ●●●
てにぞうり●●●

五七五にすると、右の上段のようになり、不自然です。この句は、右下段のように読めば、リズムもよく、意味もしっかり分かります。ため間を入れると、次の形になります。

夏河を越すうれしさよ・手に草履

このように、時に、五七五ではない俳句もあるということを意識して、俳句を読む必要があります。

♪音読を聞こう・音読しよう No.22

16　現代詩の音読法

詩は歌です。詩は歌うように、リズミカルに読んでいきます。これが基本です。

リズム読み

〔月夜の電信柱〕　宮澤賢治

①ドッテテドッテテ、ドッテテド、
でんしんばしらのぐんたいは
はやさせかいにたぐいなし

②ドッテテドッテテ、ドッテテド
でんしんばしらのぐんたいは
きりつせかいにならびなし

③ドッテテドッテテ、ドッテテド
でんしんばしらのぐんたいの
その名せかいにとどろけり

―「月夜の電信柱」より　①②③の番号は岩下による―

これなどは、ただひたすら、1、2、1、2と拍を打ちながら、読んでいきます。①②③の三つの意味句からできているとも考えられます。同じ、宮澤賢治でも、次の詩はどうでしょう。

意味句読み＋リズム読み

〔何と云はれても〕
①何と云はれても
わたくしはひかる水玉
②つめたい雫(しずく)
③すきとほった雨つぶを
枝いっぱいにみてた・
若い山ぐみの木なのである

―「詩ノート」より　①②③の番号は岩下による―

この詩の場合は、リズムを意識しながら、①②③の三つの意味句で構成されているように読んでみました。詩に出会ったら、意味句読み＋リズム読みを意識しましょう。

♪音読を聞こう・音読しよう No.23

3章　意味句読みを子どもに伝える

1　とにかく追い読みで

「先生が読むように、一文をすらすらと音読します」

教師が身につけた音読法を最も効率よく手渡す方法は、音読をそのまままねさせることです。いわゆる「追い読み」といわれている方法です。「まね読み」といってもいいでしょう。教師がまねされるに値する音読を用意できたとき、子ども達の音読は激変します。

初めのうちは、次のようにていねいに話します。

「まず、先生が読みます。はいっと言いますので、先生と同じように読んでください」

教師は、まず一回音読をします。子どもは、教師の音読を聞きます。「はいっ」の合図で、子どもは音読開始。そのとき、教師は、もう一度、一回目と同じように読みます。

①教師の一回目の音読

ごんは、⏋村の小川の堤まで出て来ました。

②子どもの一回目の音読（～教師二回目の音読）

ごんは、┐村の小川の堤まで出て来ました。

子ども達は、教師の声を聞きながら、その声に重ねるようにして音読していきます。読みのスピード、間の空け方など、丸ごと、まねていく形となります。
慣れないうちは、教師の読みより遅れがちになります。「遅れた人がいます。もう一度しましょう」と言って、再度音読させることもします。教師と子どもとズレが生じるのは当然です。

子どもが教師の読みに合わせることで読解が深まる

「はい、息を吸って、止めて」と言ったあと、読ませることもします。
「一文を読みながら、息を吐いていきましょう」と、一文の音読で息を全部出してしまう練習もします。
一年生の場合も、読点区切りでなく、意味句読みで追い読みをさせていきます。ただ、初めは、八〇%ぐらいのスピードに落としながら、なめらかに読んでいきます。

意味句読み

くまさんが、┐ふくろをあけました。

子ども達が、初めて文章に出会うときは、教師の読みや自分の読みのとき、指で言葉をなぞらせることもさせます。

2　一文に意味句が二つ以上あるとき

一つの文に、二つ以上の意味句がある場合の追い読みの仕方を紹介します。

元の文

みんながそばにかけよってみると、それは、うまれたばかりの、小さな白い馬でした。

「この文は、二つに分けて読みます。二つの映像が生まれます。気持ちよく読めます」と事前に説明した後、意味句①の追い読みです。

意味句①教師の読み

みんながそばにかけよってみると、＜

↓

意味句①子どもの追い読み（with 教師の読み）

みんながそばにかけよってみると、＜

次に、意味句②の追い読みです。

意味句②教師読み

それは、］うまれたばかりの、］小さな白い馬でした。

↓

意味句②子どもの追い読み（with 教師の読み）

それは、うまれたばかりの、小さな白い馬でした。

このまま、次の文へ行く手もあります。が、時には、二つの意味句をつなげて、一文読むこともしたいです。これをすることで、教師の息継ぎの仕方を体得することができるようになります。

意味句①＋意味句②の教師読み

①みんながそばにかけよってみると、＜（息継ぎ）
②それは、うまれたばかりの、小さな白い馬でした。

←

意味句①＋意味句②の子ども読み（with 教師の読み）

①みんながそばにかけよってみると、＜（息継ぎ）
②それは、うまれたばかりの、小さな白い馬でした。

♪音読を聞こう・音読しよう No.25

追い読みをさせるときは、教師の短い「はいっ」の合図で行うようにします。

3　先生との交替読み

意味句読みの指導として、先生と子どもが交替に読んでいく「交替読み」も効果的です。

(1) 一文交替読み

先生→子ども全→先生→子ども全……と、教師と、子ども全員が、一文ずつ交替していく形です。いわゆる「。」読みです。すぐにできます。

〔**先生→子ども全**〕

先生	**いっぽんの木と、いちわの小鳥とはたいへんなかよしでした。**
子ども全	**小鳥はいちんちその木の枝で歌をうたい、木はいちんちじゅう小鳥の歌をきいていました。**

全員でなく、「先生→Aさん→先生→Bさん→……」と、教師が、子ども一人ずつと交替していくのもお薦めです。このとき、教師は歩きながら、子どもの近くで音読していきます。

(2) 一行交替読み

お薦めなのが、「一行交替読み」です。教師が一行読んだら、次の行を子どもが読みます。先生が、①「いっぽんの木と、いちわの小鳥とはたいへんなかよし」と一行読みます。それを受けて、Aさんは、❷「でした。〜木は」まで一行読みます。③は先生。❹は子どもと交替していきます。

①いっぽんの木と、いちわの小鳥とはたいへんなかよし
❷でした。小鳥はその木の枝で歌をうたい、木は
③いちんちじゅう小鳥の歌をきいていました。
❹けれど寒い冬がちかづいてきたので、小鳥は木からわ
⑤かれてゆかねばなりませんでした。
❻「さよなら。また来年きて、歌をきかせてください。」
⑦と木はいいました。
❽「え。それまで待っててね。」
⑨と、小鳥はいって、南の方へとんでゆきました。

子どもは、教師の読みの最後の箇所に集中。言葉をつなぎます。そして、自分の読みで先生へとバトンタッチ。たった一行なのに、神経を研ぎ澄ませて、音読を聞き、音読することになります。教師の意味句読みが伝播していきます。

♪音読を聞こう・音読しよう No.26

4　意味句読みを可視化

手を使うことで、息の使い方とともに、意味句読みをマスターすることができます。

〔教科書版〕

ごんはこう思いながら、そっと物置の方へ回って、その入口にくりを置いて帰りました。

〔意味句読み〕

① **ごんは　こう思いながら、そっと物置の方へ回って、**

② **その入口に　くりを置いて帰りました。**

1　まず、息を吸いながら、片手を高く上げます。その高さで
2　「①ごんは」と語り始めます。
3　手を下ろしながら、息を吐き、「こう思いながら」と発声します。
4　更に手を下ろし、息を吐き、「そっと物置の方へ回って」は声を落としながら一つ目の意味句を読み終わります。息を吐ききった状態です。
5　再び、息を吸いながら手を上げ、「②その入口に」を高くから発声。
6　手を下ろしながら、息を吐き「くりを置いて帰りました」と声を落としていきます。

この1～5までを教師が行います。

「皆さんもやってみてください。どちらの手でもいいです」

利き手を使った方が、指先まで細かく動かすことができます。

この動作化は、いわば、意味句読みの可視化であり、身体化といえます。先生方への研修会でも、「分かりやすい」と好評です。

子ども達も、あっという間に、できるようになります。

♪音読を聞こう・音読しよう　No.27

5　音読するからだをつくる

「先生が音読指導する姿は、まるで指揮者みたいですね」とよく言われます。確かに、音読するとき、知らない間に、からだが動いているようです。手だったり、顔だったり、時には歩きだしたり……。「動くことで、声にりきみがないようにしているのです」と私。

音読講座。先生方にまず、立っていただきます。でも立つだけで、肩に力が入る人がいます。そこで、「足はぺったりつけてください。でも、両方均等に重心をかけるのでなく、どこかへ歩き始めるというような感じ。腰はすーっとのびています」

「肩の力、首の力をぬいてください」

時に、肩や首を回してもらいます。どこにも力が入っていない自然体で立ってもらいます。

その上で、前ページのように、手を使ってもらうのです。驚くほど、自然体で豊かな声が生まれます。これは、大人も子どもも、同じです。もう一文、自然体で手を使いながら読んでみましょう。

〔意味句読み〕

①母さんぎつねがびっくりして　あわてふためきながらく

②眼をおさえている子どもの手をおそるおそるとりのけてみました。

～「手袋をかいに」より

この一文。原文には、読点はありません。ここでは、あえて二つの意味句にしてみました。息継ぎ間の部分で、息を止め、「ため間」にして読む手もあると思います。

♪音読を聞こう・音読しよう No.28

6　詩歌の音読の基本

詩歌の音読も、前述したとおり、リラックスしたからだでします。一つ、心得たいのが、詩はほぼ音楽と言っていいことです。ですから、からだのどこかを使い、リズムをとって読むことが大事です。私は、「1・2・1・2」の二拍のリズムで読むことを基本としています。手を「し」の字のようにふっていくことでリズムをとっていきます。

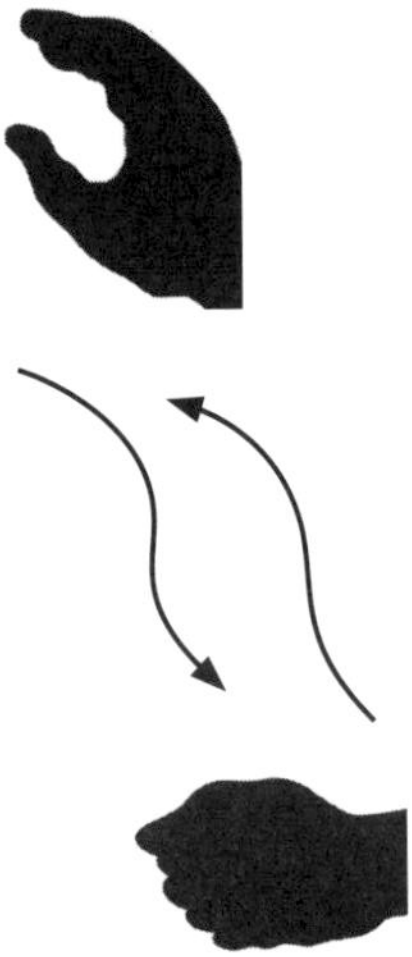

子ども達も、教師のまねをしながら、手でリズムをとっていきます。それぞれ、個性的な動きをするようになります。

金子みすゞの「わらい」。この詩も、「1・2・1・2」の拍で読んでいきます。その際に、手を使っていきます。腕と手の振りと同時に気持ちよく、読むことができます。

わらい

金子みすゞ

それは　きれいな　ばらいろで、
けしつぶ　よりか　ちいさくて、
こぼれて　つちに　おちたとき、
ぱっと　はなびが　はじけるように、
おおきな　はなが　ひらくのよ。

もしも　なみだが　こぼれるように、
こんな　わらいが　こぼれたら、
どんなに、どんなに、きれいでしょう。

（出典：『ほしとたんぽぽ』ＪＵＬＡ出版局）
※わかりやすくするため、一部表記を変更しています。

♪音読を聞こう・音読しよう No.29

7　発声練習は早口言葉で

「あーえーいーうーえーおーあーお」

口形のお手本の写真を見せながらの母音練習がまだ行われているようです。しかし、あんなに大きな口を開けて音読したり会話したりすることはありません。

あの口形で、机と言ってみます。すると、「tUkUE」と母音ばかりが強調されます。音ばかりが聞こえてくる、「いろは読み」になってしまいます。

私は、とくに発声指導はしていません。作品を音読することによって、豊かで響きのある声が出るようになっていきます。

まず、お薦めなのが早口言葉です。早口言葉が言えるように繰り返し練習することで、自然に滑舌がよくなり、舌とくちびるの動きもやわらかくなります。それでは、小学生向けの早口言葉ベスト十五です。

①　老若男女（ろうにゃくなんにょ）
②　生麦生米生卵（なまむぎ　なまごめ　なまたまご）
③　東京特許許可局（とうきょう　とっきょ　きょかきょく）
④　庭には二羽鶏がいる
⑤　隣の客は良く柿食う客だ（となりのきゃくは　よくかきくう　きゃくだ）

⑥新設診療室　視察中（しんせつしんりょうしつ　しさつちゅう）
⑦生なまず生なまこ生なめこ
⑧この寿司は少し酢がききすぎた
⑨魔術師、魔術、修行中（まじゅつし　まじゅつ　しゅぎょうちゅう）
⑩この猫はこの子猫の母猫
⑪伝染病予防病院予防病室（でんせんびょう　よぼうびょういん　よぼうびょうしつ）
⑫赤巻き紙青巻き紙黄巻き紙（あかまきがみ　あおまきがみ　きまきがみ）
⑬塩焼き蒸し焼きつけ焼きすき焼き
⑭鹿もカモシカも鹿の仲間だ。しかしアシカは鹿ではない。
⑮青は藍より出でて藍より青し

♪音読を聞こう・音読しよう　No.30

最初は、ゆっくり読みます。正しく言えるようになってきたら、徐々に速く読んでいきます。

8　漢詩音読で日本語を発声するからだに

国語授業の最初の五分間は、音読タイムとしてきました。子ども達に配付する詩文集「言葉がつくる世界」は年間六号発行、合計五十本ぐらいの詩文の音読、暗唱をしました。

毎回、必ず入れたのは漢詩。漢詩の読み下し文を読むことで、実に豊かな響きが生まれます。その響きの中に居ることの心地よさ。音読するだけで、自然に力みのない、からだが生まれるのです。漢詩の音読は、発声だけでなく、発声するからだを作ってくれると思ったものでした。漢詩の中から、一二作品紹介します。

鸛雀楼《かんじゃくろう》に登る　　王之渙《おうしかん》（六六八～七四二）

①白日《はくじつ》山に依《よ》りて尽《つ》き
②黄河海に入《い》りて流る
③千里の目を窮《きわ》めんと欲して
更に上る一層の楼《ろう》

①②③の三つの意味句で読みます。「①太陽が西の山に消えていきます。②黄河は海の中に流れこんでい

きます。③更に遠くまで見たくなり、もう一層登っていきます。」海は、鸛雀楼から七〇〇キロ以上離れています。目の前の黄河を見ながら、それが海に入るところを想像しているのです。

早《つと》に白帝城《はくていじょう》を発す　李白《りはく》

①朝《あした》に辞す　白帝彩雲《さいうん》の間《かん》
②千里の江陵《こうりょう》　一日にして還《かえ》る
③両岸の猿《えん》声　啼《な》いて尽《つ》きず
④軽舟《けいしゅう》　已《すで》に過ぐ万重《ばんちょう》の山

意味句を口語に直してみます。「①朝早く、朝焼けの雲がたなびく白帝城を出発しました。②千里離れた江陵まで一日で帰ることができます。③両岸では猿が鳴き続けています。④私の乗った小さな舟は、重なる山々の間を軽やかに通り過ぎていくのです。」「白帝―彩雲」「千里―一日」「軽舟―万重」「発す―辞す」と見事な対比表現。少々、大きな声で読んでも、豊かな響きになるところが、漢詩の良さです。

♪音読を聞こう・音読しよう No.31

9　先生のようにすらすら届く声で

多くの教室で、宿題用の音読カードが配付されます。チェック項目として採用されているものを、多く採用されていると思われる順に並べてみます。

①大きな声で読む
②まちがえないで読む～正しく読む
③はきはき読む
④すらすら読む
⑤　、や　。に気をつけて読む
⑥「　　」の言葉をくふうして読む
⑦良い姿勢で読む

これらから、二～五点が書かれているカードが多いです。読む所を書き込む場や、読みの回数を書く場もあります。◎、○、△等の評価を家の人がつけることになっています。

①②③は、一つ間違うと、文節力み、文末力みになる心配があります。⑤は、「句読点区切り読み」を求めることになります。⑥はとんでもない「なりきり読み」になるおそれがあります。評価は家の人におまかせというのも心配です。

私は、音読カードを使用したことはありません。

教科書の作品のタイトルの横に、◯をいくつかつけさせます。学校で音読した場合は青、家で読んだときは赤で丸を塗ります。学校で半分読み、残りを家で読み青赤の丸になる子もいます。家の人からの評価欄はありません。「家で一回以上読んできましょう」ですから、何度も音読し、赤丸がずらり並ぶ子もいます。

教室では、意味句読みをしていますが、家での音読について、次のように言っています。

先生のように、息を吸ってすらすらと、聞いている人に届く声で。

「先生のように」で、授業での音読を思い出させます。「すらすら」は、力まないで正しく読むことを求めています。「届く声」で、からだを使った息の吐き出しから生まれる芯のある豊かな声を求めています。

子ども達の音読の上達ぶりに対応する形で、次のように言うこともあります。

意味のかたまりを考え、すらすらと読む。聞いている人に届く声で。

意味句を意識させて読ませるということです。教師を越える意味句読みが、出現することもあります。

10 タブレットで音読を家庭に届ける

二〇二一年、勤務していた学校で iPad が導入されました。これを音読指導に使うことにしました。

一つは、教科書教材。教材を、まるごと私が録音します。それを教材に貼り付け、子どもがタブレットを使い、再生できるようにしました。学校でしか聞くことができなかった教師の音読を家で聞くことができるようにしました。

「先生のように」と言われてもできない子は、家でも即座に聞くことができます。保護者の方も聞くことができます。教科書のタイトル横に書いていた〇も、予め、私が付しておきました。録音は、正直、かなり緊張します。二ページ分、間違えないで意味句読みをしなければなりません。教材によっては、教室で第一時に行う追い読みをそのまま録音したこともあります。その際の録音を、電子化した教材にはりつけました。

音読の練習～録音について

1 まず、先生の音読を聞きましょう。

2 先生の音読を参考にして、何度も音読してみましょう。

3 一度音読したら、〇を赤でぬりましょう。日付も書きましょう。

● 7/30

4 各作品、10回以上は読みましょう。

5 暗唱できたら、☆をぬりつぶしましょう。

6 13の作品から5点以上選び、音読を録音しましょう。録音したら、録音マークを赤でぬりましょう。教科書の説明文、物語から一つは録音しましょう。

録音

7 一つの作品について、一番良く録音できたものを一つだけ提出してください。

8 練習～録音は、8月23日から28日の間に、提出箱に入れましょう。

もう一つは、詩文音読集「言葉が創る世界」の電子版の作成です。先に紹介した冊子の詩文集を電子化し、配付しました。詩文には、すべて、教師の録音を貼り付けました。教科書同様と、いつでも、どこでも、教師の録音を聞くことができます。子どもも、録音し、詩文に貼り付けることができます。そこで、添付する数を指定し、教師に提出してもらうこともしました。私の手元には、子どもの録音がたくさん届きました。子どもも、録音にあたり、かなり練習したことが分かるものがありました。中には、おじいちゃんの声まで入っているものもありました。

電子版の作成によって、子どもはもちろん、教師の音読まで鍛えられる結果となりました。

録音

4 窓　新美南吉

窓をあければ
風がくる、風がくる。
光つた風がふいてくる。

窓をあければ
こえがくる、こえがくる。
遠い子どものこえがくる。

窓をあければ
空がくる、空がくる。
こはくのやうな空がくる。

☆〇〇〇〇〇〇〇〇〇〇〇〇〇〇〇〇〇
〇〇〇〇〇〇〇〇〇〇〇〇〇〇〇〇

◆音読したら〇を赤でぬりましょう。暗唱できたら☆をぬりましょう。

4章　意味句読みで国語の大変革を

1　意味句読みで変わったニュースの語り

杉澤陽太郎氏が「朗読術入門」（二〇〇〇年刊）でさりげなく述べられた意味句読み。「自分の息の都合で間を空けるのでなく、文の意味の終わりで間を空ける」。だから、目で見て、理解しやすいように打たれた句読点のすべてで間を空けてはいけないということです。長年、試行錯誤してきた私は、これだと思って、即、音読の指導に取り入れました。それを著作で紹介したのが二〇一八年のことでした。

実は、今回、本書をまとめるに当たり、杉澤氏にお会いして、直接お礼を述べ、ご指導を受けようと思っていました。ところが、ある方のブログで、つい最近、杉澤氏が鬼籍に入られたことを知りました。大変なショックを受けました。

杉澤氏の著を読み、NHK内部における読みの改革から、意味句読みが生まれてきたことを知りました。ですから、その後、アナウンサーやナレーターや俳優の語りや朗読に、注目してきました。語りを聞くときの、指標は、意味句読みでした。

杉澤氏の著が出てから、二十四年たった今、果たしてアナウンスはどうなっているでしょうか。

NHKニュースの中でも、注目を浴びる夜七時のニュース。現在のメンバーの語りはすばらしいです。語りの声がしっかり耳に入ってきます。録音して聞き直すと、意味句読みが基本となっていることが分かります。iPadで録音された音声は、時間の流れとともに、声の大小がグラフのように表示されます。1秒ずつの区切りの線があります。音声のない間の長さも分かります。そのメンバーの声。録音したグラフを見ると、やはり、読点の前で音がおちていきます。そして、句点の後の間が、時に3秒ぐらいあったりします。時に、意味句以外の文節末などで区切りが入りますが、息をさっと止める「ため間」です。その間の時間も、0・3秒ぐらいですから、気になりません。

いまだに、読点区切りによる文節末のりきみが気になるアナウンスや、放送記者の報告も耳にします。原稿作成の段階で、意味句区切り記号をしっかりつけたらと思ってしまいます。

しかし、全体としては、「意味句語り」が次第に主流になってきています。杉澤氏が提唱されていた高低のイントネーションによる意味句読みが、次第に、実現していると思いました。

2　生成ＡＩによる語り

かなり前から、コンピュータにテキストを読み上げ機能や、読み上げソフトはありましたね。ところが、不自然な読みでとても使う気にはなりませんでした。

最近の生成ＡＩの進化はめざましいものがあります。Windows、Android、apple の機種に組み込まれた読み上げ機能を比べてみました。予想通り、すべて、「句読点区切り」で読まれます。しかし、Android の読み上げが、音訓の読みの正しさ、文末処理で一歩リードでした。

Microsoft Bing の COPILOT は ChatGTP の機能を搭載していて、読ませることができます。Windows の edge の読み上げよりはるかにいいのですが、文頭の読みの高さが低いので、高低のイントネーションになりません。これらの結果は、私の使い方の問題かもしれません。apple の iPhone に ChatGTP 搭載のニュースが流れています。今後も、読み上げソフトは、進化を遂げるでしょう。

驚いたのは、ワードの読み上げ機能。句読点区切り読みではありました。その女性の声にはりがあり、人が語りかけてくるような声だったことです。本ページの冒頭の文末に「ね」をつけて、再生してみました。すると、人間のように語尾を上げて読んでくれたのです。衝撃的でした。更に驚いたのは、ＡＩによる音声なのに聞いていているうちに気分がよくなったことです。

ＮＨＫニュースの中でも、ＡＩで生成したニュースが頻繁に登場するようになりました。その度に、私は、iPad で録音してきました。これも、基本は、句読点区切り読みです。句点は１秒あまりの間《ま》がつけられています。読点と思われるところの間は、一律の長さではなく、0・3秒ぐらいの間や、0・5秒ぐらいの間がありますす。そのような工夫がなされているのでしょう。AI音声なので、読点区切りでも、「りきみ」がなく、節が生まれません。ですから、すんなり映像が浮かんだりします。当初は、声の高低の変化はなく、イントネーションも感じませんでした。最近は、「でした」「ました」など文末がやや小さく落ちるようになってきたような気がします。ワードのAI音声といい勝負です。

ひょっとすると、近いうちに、句読点をつけた文も、句読点記号でなく、その意味内容をAIが読み取り、一番聞き取りやすい意味句読みをしてくれるようになるかもしれません。人間のような生命を感じる語りが誕生するかもしれません。これは、アナウンサーも教師もピンチです。

3　ネットの中で見つけた音読

ネットの中に、音読が聞けるサイトが出てきました。音読でなく朗読という用語が使われています。朗読は、人に聞いてもらうための表現を伴った音読ととらえておきます。意味、映像を伝えようとする意味句読みは、朗読の領域に入っていると考えています。

「青空朗読」では、青空文庫に所収されている作品が朗読されています。現在約一二〇〇タイトルが所収。プロのアナウンサーによる社会貢献活動としてスタートしたとあります。一般の人も録音し送付することができます。採用の可否は主催者が決めるとのこと。

その青空音読。いくつか聞いてみました。今のところ、意味句読み音読には出会っていません。大半が、「句読点区切り読み」です。時に、読点を飛ばされる方もあります。逆に、読点がない箇所で、区切りの間を入れる方もあります。

例えば、やまなしが、一文読点なしで書いている次の文。

原作〔**青空文庫版**〕

兄さんの蟹ははっきりとその青いもののさきがコンパスのように黒く尖っているのも見ました。

青空朗読（／で間）

兄さんの蟹は／はっきりと／その青いもののさきが／コンパスのように黒く尖っているのも見ました。

青空朗読の朗読者Sさんは、右のように、区切りを入れて読まれています。そこで、少し音が高くなります。私は、原作のように、一気に読み下ろしていきたいと思います。

青空朗読の賢治の作品の中で、賢治の句読点を踏まえながら、高低のイントネーションをベースにし、意味句読みになっているのは、Nさんが朗読した「いちょうの実」です。会話も、ほぼ地の声で自然体。子ども達の声がしっかり伝わってきます。映像も浮かびます。聞いていて引き込まれます。これは、音読のお手本です。

原作〔青空文庫版〕

木のいちばんいちばん高いところにいたふたりのいちょうの男の子がいいました。＜「そら、・もう明るくなったぞ。＜うれしいなあ。＜ぼくはきっと黄金色にお星さまになるんだよ。」＜

♪音読を聞こう・音読しよう No.32

私も、Nさんの読みを参考にし、チャレンジしてみます。

4　新美南吉のチャレンジ

南吉にチャレンジでなく、南吉のチャレンジです。南吉は、次のように言っています。

「紙で読んで面白くない童話は口から聞かされても面白くない。口から聞かされてつまらない童話は紙で読んでもつまらなくないはずがない。」〔童話における物語性の喪失より〕

南吉は、作品を声に出し、読み聞かせ、子どもの反応を見ることで、物語性を取り戻すことができると主張しています。

南吉には、カタカナわかちがきで書かれた作品がいくつかあります。これらは、声に出すことで初めて、映像が生まれます。声に出すことを想定した作品です。

「デンデンムシノ　カナシミ」より〔青空文庫〕

イッピキノ　デンデンムシガ　アリマシタ。
アル　ヒ　ソノ　デンデンムシハ　タイヘンナ　コトニ　キガ　ツキマシタ。
「ワタシハ　イママデ　ウッカリシテ　ヰタケレド、ワタシノ　セナカノ　カラノ
ナカニハ　カナシミガ　イッパイ　ツマッテ　ヰルデハ　ナイカ」
コノ　カナシミハ　ドウ　シタラ　ヨイデセウ。

注目すべきは、句読点です。ちょうど、意味句で打たれています。つまり、この場合の句読点は、そのまま意味句音読に使えるのです。もう一作。これはカタカナではありません。「木の祭り」の中から三文。

「木の祭り」より〔青空文庫〕

> **やわらかな風が木のすぐそばをとおって流れていきました。その風に木の花のにおいがふんわりのっていきました。においは小川をわたって麦畑をこえて、崖っぷちをすべりおりて流れていきました。**

この作品も、明らかに読点が少ないのです。

さて、青空朗読の読みはどうか。「デンデンムシノ　カナシミ」で右に示した箇所で、わざわざ、「アルヒ」の後など、七カ所に間を入れています。「木の祭り」では、「その風に」の次など、読点のない六カ所で、間を入れて読んでいます。この南吉の二つの作品は、読み聞かせのための記号として句読点が付されていると思うのです。私は、南吉の意図を踏まえて音読したいです。

♪音読を聞こう・音読しよう No.33

5　江守徹氏「名人伝」の音読を聴こう

中島敦氏の「名人伝」を俳優の江守徹氏が読んでいるCDを最初に聞いてから二十年ぐらい経ちます。聞く度に、江守氏こそ朗読の「名人」であると思ってしまいます。中島氏の文章は、読点が少なめです。江守氏は、その句読点を音読記号として参考にしながらも、意味の伝達を最優先にされているようです。その結果、日本語の言葉の力を味わいながら、見事な映像が次々と喚起します。朗読の面白さを味わうことができます。

江守氏の朗読。私には聞き取れない技術が複合的に発揮されていると思います。しかし、私は、この江守氏の朗読こそ、杉澤氏が提唱された、高低のイントネーションによる意味句読みの最高のお手本ではないかと思います。江守氏の朗読は、ネットでも聞くことができます。

名人伝より　〔青空文庫〕

> ついに、彼の目の睫毛《まつげ》と睫毛との間に小さな一匹の蜘蛛が巣をかけるに及んで、彼はようやく自信を得て、師の飛衛《ひえい》にこれを告げた。それを聞いて飛衛《ひえい》がいう。瞬《まばた》かざるのみではまだ射《しゃ》を授けるに足りぬ。次には、視ることを学べ。視ることに熟して、さて、小を視ること大のごとく、微《び》を見ること著《ちょ》のごとくなったならば、来《きた》って我に告げるがよいと。

江守氏の読み〔図式化〕

ついに、彼の睫毛《まつげ》と睫毛との間に小さな一匹の蜘蛛が巣をかけるに及んで、<
彼はようやく自信を得て、・
師の飛衛《ひえい》にこれを告げた。<
それを聞いて飛衛《ひえい》がいう。<
瞬《まばた》かざるのみではまだ射《しゃ》を授けるに足りぬ。<
次には、視ることを学べ。<
視ることに熟して、さて、小を視ること大のごとく、・
微《び》を見ること著《ちょ》のごとくなったならば、<
来《きた》って我に告げるがよいと。

無謀かもしれませんが、江守名人にチャレンジしてみようと思います。

♪音読を聞こう・音読しよう No.34

6　教科書が求める音読は

教科書の教師用指導書には、音読のＣＤがついています。物語の場合、多くの俳優さんが音読しています。私の大好きなベテランの俳優さんもいます。今、人気の若手の俳優さんもいます。それらの音読を聞いて思います。ＡかＢかどちらだろうかと。

Ａ　この音読はその俳優さんによる表現として朗読

Ｂ　子どもにこう呼んでほしいという音読、朗読のモデル

前の項で紹介した江守徹さんの音読は、明らかにＡでした。そして、「青空朗読」もＡですね。今回添付のＣＤの音読。かなりＢを意識したものになっている気がしました。教師向け、子ども向けになっているといってもいいでしょう。それをどこで感じたのか。どなたも、ていねいに句読点で、間を空けているところからです。

ある俳優さんは、時々、読点飛ばしをされます。調子が出てきて、「ここは、間を空けないほうが……」と思われるのでしょうか。そして、ある俳優さんは、とくに、会話の中で、よく読点飛ばしをされます。そのほうが自然と判断されたのでしょう。私は、その読点飛ばしに賛成です。

お二人とも、見事な息づかいによる朗読をされています。文末の処理も見事です。声にも魅了されます。私が気がつかない、読みの技術、体の使い方の技術などが駆使されていると思います。よくぞ、教材の音読をしてくれたと感謝しています。が、私は、俳優さんが、ご自身で意味句を特定し、思う存分に、音読してくれたら、更に、素晴らしい朗読の世界が生まれることは間違いないと思ったりしています。

一年生用のCDの音読を聞いて驚くのは、読みのスピードの遅さ。ある詩の音読にかかった時間を計ったら、55秒でした。この詩を私が、目の前の一年生に読むことを想定し、読んでみたら28秒でした。幼い一年生を意識してのことかと思いますが、今の一年生は、もっと早い、リズミカルな音読で笑顔が生まれます。

とくに素晴らしいと思ったのは、枕草子の「春はあけぼの」と、「竹取物語」の音読です。これぞ杉澤陽太郎氏の言われる意味句読みだと思いました。息の吐き出しとともに、声が徐々に低くなっていく息づかいの見事さ。力むことなく短く間を空ける方法も分かります。この方の音読は、教師のモデルにも、子どものモデルにもなります。それでいて、これほどの表現はないというほどの美しい朗読になっています。うっとりします。この方の物語の音読を聞くことができないかと探しているところです。

7　幼児向け？・絵本からのチャレンジ

絵本を読む度に、少々とまどいが生じます。大半の絵本では、句読点とわかちがきの両方が使われています。すると、わかちがきの一ます空けと、句読点とを区別したくなります。その結果、「わかちがき」では間を空けず、読点では、間を空けたくなります。つまり、絵本のほうが、読点は、間を空ける記号として機能することになります。読み手は少々、悩むのですが、幸い、絵がありますので、読み続けていくことができます。

このような、「句読点＋わかちがき」方式を改革しようとする動きがあります。

句読点を使わず、「わかちがき」だけで、句読点を使わない書き方です。読み手は、文末を探しながら、音読していくことになります。ただし、改行が多く、読みやすくなっています。句読点がない分、気持ちよく読むことができます。

ひとつひとつの　木にさわり
木に　あいさつする　じいじ
「ちょうしの　わるいところは　ないかな」

松成真理子「じいじのさくらやま」より

飯野和好氏の「ねぎぼうずのあさたろう」シリーズでは、句読点ばかりか、会話のところで、かぎ括弧も使われていません。

たびのつかれか
ぐっすりねむる
あさたろうゆめにでてきた
ふるさとの
おようちゃんが
しんぱいそうに
あさたろうさーん

―ねぎぼうずのあさたろう　その2より―

この「あさたろう」シリーズ。わざわざ、「二代広沢虎造風浪曲節で」と、読み方まで書かれています。句読点がないので、あたかも古文を読んでいるように、どこまでが一つの意味句なのか、考えて読んでいくことになります。それが、また面白いのです。

句読点がしっかり付された現代文。いずれ、読点を取った音読用のテキストが作られるのかもしれません。

8　意味句読みで国語力も変わる

杉澤氏の著作を読んだとき、それまでの悩みはふきとびました。「必要なのは意味句読みだったのだ。」これですべて解決したと思いました。即、子ども達に指導しました。あっという間に、子ども達の音読は変わりました。

市毛勝雄氏（元埼玉大学教授）は、すらすら音読できる力は読解する力に比例していると述べられています。大賛成です。私は、意味が浮上し、映像が浮上する意味句読みがすらすらできる力の育成が、子どもの読解力と話す力を高めることを、子どもの姿を通して体験してきました。

参観された先生から聞かれました。「このように音読ができるまでに半年ぐらいかかりますか」と。私は、「あの、一時間です」と答えました。今、思うと生意気な態度だったかと思います。しかし、本当に、即、意味句読みはできるようになるのです。先生方を対象にした会でも同じです。瞬間的にできるようになるのです。高低のイントネーションで意味句読みをすると、豊かな響きがうまれます。音読することがうれしくなってきます。日本語の文章を音読するのにピタッと合った音読法だと確信しました。

私は、自分の著作にはじめて、「究極」という言葉を付しました。「国語力を高める究極の音読指導法＆厳選教材」です。そして、各地で、意味句読み法を紹介してきました。

杉澤氏の著作の中で、気になる箇所がありました。「この本が現代文を読むための決定稿であるわけがありません。それだけ、現代文と日本語の言葉の関係の、実践的な技術論は始まったばかりのテーマです」「まだ百年あまりの現代文を前にしたとき、その技術論はまだ緒についたばかりだということです」。杉澤氏の意味句読みの技術論と、方法は、私には実にぴたっと来ました。杉澤氏は遠慮されているのではとも思いました。

それから、二十数年、放送業界でのアナウンスやナレーションは、着実に変革しています。意味句語りが主流になってきています。意味、映像が気持ちよく伝わってきます。

では、ネットで流れる音読、朗読はどうでしょう。前述したとおり、筆記、読解の文法記号として付された読点を、音読のための区切り記号だとする句読点区切りと文末の節化が、いまだに、継続していると言わざるを得ません。

今、見事に意味句語りをされているアナウンサーの方々に、まさに、その語りの手法で、物語を読んでいただきたいと思います。意味句音読をしていただきたいです。音読モデルが変われば、教師の音読が変わり、子どもの音読も変わります。読解も、語る力も深化します。日本人の国語力の改革は、音読からスタートです。

5章　音読演習

演習その1　昔話「桃太郎」より

〔元の文〕

おじいさんとおばあさんが、ももを食べようと切ってみると、なんと、中から男の赤ちゃんがとび出してきました。

「これはきっと、神さまがくださったにちがいない。」

子どものいなかった、おじいさんとおばあさんは、大よろこび。ももから生まれた男の子を、ももたろうと名づけました。

ももたろうはすくすくそだって、やがて強い男の子になりました。

この元の文を、この後、三つの形に直した上で、意味句読みで読んでみます。さて、どれが、読みやすいでしょうか。

〔六つの意味句で読む〕

•ため間…息を止め、ためを作る

<息継ぎ間…息を吐き終え、息を吸う

①おじいさんとおばあさんが、•ももを食べようと切ってみると、<

②なんと、中から男の赤ちゃんがとび出してきました。<

③「これはきっと、神さまがくださったにちがいない。」<

④子どものいなかった、おじいさんとおばあさんは、•大よろこび。<

⑤ももから生まれた男の子を、•ももたろうと名づけました。<

⑥ももたろうはすくすくそだって、•やがて強い男の子になりました。

〔読点なし改行で読む〕

おじいさんとおばあさんが
ももを食べようと切ってみると
なんと
中から男の赤ちゃんがとび出してきました。
「これはきっと神さまがくださったにちがいない。」
子どものいなかった
おじいさんとおばあさんは大よろこび。
ももから生まれた男の子を
ももたろうと名づけました。
ももたろうはすくすくそだって
やがて強い男の子になりました。

読点をとると、句点が目立ちます。句点まで、一気に読みたくなります。ただし、改行でかなり読みやすくなります。

〔句読点、かぎ括弧なしで読む〕

おじいさんとおばあさんが
ももを食べようと切ってみると
なんと
中から男の赤ちゃんがとび出してきました
これはきっと神さまがくださったにちがいない
子どものいなかった
おじいさんとおばあさんは大よろこび
ももから生まれた男の子を
ももたろうと名づけました
ももたろうはすくすくそだって
やがて強い男の子になりました

文につける記号を全部とりました。意外に読みやすいです。かぎ括弧はなくても読んだ瞬間に会話だと分かり、それらしく読みたくなります。改行はやはり不可欠のようです。

♪音読を聞こう・音読しよう No.35

演習その2　新美南吉「ごんぎつね」より

〔原文……三文〕

うら口からのぞいてみますと、兵十は、昼飯を食べかけて、茶わんを持ったまま、ぼんやりと考えこんでいました。変なことには、兵十のほっぺたに、かすりきずがついています。どうしたんだろうと、ごんが思っていますと、兵十がひとり言を言いました。

〔五つの意味句に〕

① うら口からのぞいてみますと、＜

② 兵十は、昼飯を食べかけて、茶わんを持ったまま、ぼんやりと考えこんでいました。＜

③ 変なことには、兵十のほっぺたに、かすりきずがついています。＜

④ どうしたんだろうと、ごんが思っていますと、＜

⑤ 兵十がひとり言を言いました。

演習その3　新美南吉「手袋を買いに」より

〔原文〕

母さんぎつねがびっくりして、あわてふためきながら、眼をおさえている子供の手をおそるおそるとりのけて見ましたが、何もささってはいませんでした。母さんきつねはほらあなの入口から外へ出て始めてわけがわかりました。昨夜のうちに、真白な雪がどっさり降ったのです。その雪の上からお陽さまがキラキラとてらしていたので、雪はまぶしいほど反射していたのです。雪を知らなかった子供のきつねは、あまり強い反射をうけたので、眼に何かささったと思ったのでした。

※以下、原文は漢字……狐　抑えて　恐る恐る　刺さっては　洞穴　照らして　眩しい

〔九つの意味句に〕

①母さんぎつねがびっくりして、あわてふためきながら、

②眼をおさえている子供の手をおそるおそるとりのけてみましたが、

③何もささってはいませんでした。

④母さんぎつねはほらあなの入口から外へ出て始めてわけがわかりました。

⑤昨夜のうちに、真白な雪がどっさり降ったのです。

⑥その雪の上からお陽さまがキラキラとてらしていたので、

⑦雪はまぶしいほど反射していたのです。

⑧雪を知らなかった子供のきつねは、あまり強い反射をうけたので、

⑨眼に何かささったと思ったのでした。

♪音読を聞こう・音読しよう No.37

演習その4　新美南吉「デンデンムシノ　カナシミ」より

〔元の文〕

カウシテ、オトモダチヲ　ジュンジュンニ　タヅネテ　イキマシタガ、ドノ　トモダチモ　オナジ　コトヲ　イフノデ　アリマシタ。トウトウ　ハジメノ　デンデンムシハ　キガ　ツキマシタ。

「カナシミハ　ダレデモ　モッテ　ヰルノダ。ワタシバカリデハ　ナイノダ。ワタシハ　ワタシノ　カナシミヲ　コラヘテ　イカナキヤ　ナラナイ」

ソシテ、コノ　デンデンムシハ　モウ、ナゲクノヲ　ヤメタノデ　アリマス。

〔音読しやすいように加工する〕
こうして・お友だちをじゅんじゅんに
たずねて　いきました。
が・どの友だちも　同じことを　言うのでありました。
とうとう　はじめの　でんでんむしは　気がつきました。
「かなしみは　だれでももっているのだ。
わたしばかりでは　ないのだ。
わたしは　わたしの　かなしみを

こらえて　いかなきゃならない」

そして・このでんでんむしは

　もう　なげくのを　やめたのであります。

※カウシテ→こうして　※いふ→言う

わかちがきはそのまま残し、漢字まじりのひらがなに直しました。南吉の付した読点は、ため間（・）に置き換えました。カタカナを読むとたどたどしさがうまれます。が、それだけ、かたつむりらしさを表しているのかもしれません。

♪音読を聞こう・音読しよう　No.38

演習その5　宮澤賢治「やまなし」より

〔原文〕

そのつめたい水の底まで、ラムネのびんの月光がいっぱいにすきとおり天井では波が青じろい火を、燃したり消したりしているよう、あたりはしんとして、ただいかにも遠くからというように、その波の音がひびいて来るだけです。

〔四つの意味句読みに〕

①そのつめたい水の底まで、ラムネのびんの月光がいっぱいにすきとおり＜

②天井では波が青じろい火を、燃したり消したりしているよう、＜

③あたりはしんとして、＜

④ただいかにも遠くからというように、その波の音がひびいて来るだけです。

♪音読を聞こう・音読しよう No.39

演習その6　宮澤賢治「雪渡り」より

〔原文〕

雪がすっかりこおって大理石よりもかたくなり、空も冷たいなめらかな青い石の板で出来ているらしいのです。

「かた雪かんこ、しみ雪しんこ。」

お日様がまっ白に燃えてゆりのにおいをまきちらしまた雪をぎらぎらてらしました。

木なんかみんなザラメをかけたようにしもでぴかぴかしています。

「かた雪かんこ、しみ雪しんこ。」

四郎とかん子とは小さな雪ぐつをはいてキックキックキック、野原に出ました。

〔七つの意味句読みで〕
①雪がすっかりこおって大理石よりもかたくなり、
②空も冷たいなめらかな青い石の板で出来ているらしいのです。
③「かた雪かんこ、しみ雪しんこ。」
④お日様がまっ白に燃えてゆりのにおいをまきちらしまた雪をぎらぎらてらしました。
⑤木なんかみんなザラメをかけたようにしもでぴかぴかしています。
⑥「かた雪かんこ、しみ雪しんこ。」
⑦四郎とかん子とは小さな雪ぐつをはいてキックキックキック、野原に出ました。

記号をつけなくても意味句読みになります。賢治の中に、音が流れていたのかもしれません。

演習その7　芥川龍之介「蜘蛛の糸」より

〔原文〕

ある日の事でございます。御釈迦様は極楽の蓮池のふちを、独りでぶらぶら御歩きになっていらっしゃいました。池の中に咲いている蓮の花は、みんな玉のようにまっ白で、そのまん中にある金色の蕊からは、何とも云えない好い匂が、絶間なくあたりへ溢れて居ります。極楽は丁度朝なのでございましょう。

〔五つの意味句読みに〕

① ある日の事でございます。＜

② 御釈迦様は極楽の蓮池のふちを、・独りでぶらぶら御歩きになっていらっしゃいました。＜

③ 池の中に咲いている蓮の花は、みんな玉のようにまっ白で、＜

④ そのまん中にある金色の蕊からは、・何とも云えない好い匂が、絶間なくあたりへ溢れて居ります。＜

⑤ 極楽は丁度朝なのでございましょう。

♪音読を聞こう・音読しよう No.41

演習その8　清少納言「枕草子」より

〔原文に句読点を付したもの〕

春はあけぼの。やうやうしろくなりゆく山ぎは、すこしあかりて、紫だちたる雲のほそくたなびきたる。

夏は夜。月のころはさらなり、闇もなほ、蛍のおほく飛びちがひたる。また、ただ一つ二つなど、ほのかにうち光りて行くもをかし。雨など降るもをかし。

〔八つの意味句読みに〕

① 春はあけぼの。＜

② やうやうしろくなりゆく山ぎは、すこしあかりて、＜

③ 紫だちたる雲のほそくたなびきたる。＜

④夏は夜。＜
⑤月のころはさらなり、＜
⑥闇もなほ、
⑦蛍のおほく飛びちがひたる。また、ただ一つ二つなど、ほのかにうち光りて行くもをかし。＜
⑧雨など降るもをかし。

⑦は少々長いですが、蛍の飛翔のことを語っているので、一意味句としています。どうでしょう。

♪音読を聞こう・音読しよう No.42

演習その9　鴨長明「方丈記」より

〔原文に句読点を付したもの〕

ゆく河の流れは絶えずして、しかももとの水にあらず。よどみに浮ぶうたかたは、かつ消えかつ結びて、久しくとゞまりたるためしなし。世の中にある人と栖と、又かくのごとし。

〔意味句読み〕

① ゆく河の流れは絶えずして、しかももとの水にあらず。＜

② よどみに浮ぶうたかたは、かつ消えかつ結びて、
久しくとゞまりたるためしなし。＜

③ 世の中にある人と栖《すみか》と、又かくのごとし。＜

♪音読を聞こう・音読しよう No.43

演習その10　金子みすゞ「大漁」

大漁

金子みすゞ

朝焼小焼だ
大漁だ
大羽鰮の
大漁だ。

浜はまつりの
ようだけど
海のなかでは
何万の
鰮のとむらい
するだろう。

※鰮…いわし

（出典：『金子みすゞ童謡全集』ＪＵＬＡ出版局）

A〔リズム読み〕

大漁　　金子みすゞ

朝焼小焼だ
大漁だ＜
大羽鰮の
大漁だ。＜
浜はまつりの
ようだけど・
海のなかでは
何万の＜
鰮のとむらい
するだろう。

♪音読を聞こう・音読しよう No.44

B〔意味句読み〕

大漁　　金子みすゞ

① 朝焼小焼だ
大漁だ＜
② 大羽鰮の
大漁だ。＜
③ 浜はまつりの
ようだけど・
④ 海のなかでは
何万の・
鰮のとむらい
するだろう。

※演習のための表記としてわかりやすくするため、一部表記を変更しています。

演習その11　新美南吉「童話における物語性の喪失」より

〔元の文〕

私には紙の童話も口の童話も同じジャンルだと思われる。紙で読んで面白くない童話は口から聞かされても面白くない。口から聞かされてつまらない童話は紙で読んでもつまらなくないはずがない。このことは童話ばかりではなく、大人の小説についてもいえると思う。小説が口から離れて紙に移ったところから小説の堕落がはじまるのである。それが嘘だというなら、例えば西鶴やトルストイや宇野浩二などのすぐれた小説を読んで見るとよろしい。そこにはあなた方は作家の手からでなく、作家の口から出て来る息吹きのこもった言葉をきくであろう。

声に出して読んで面白い小説について語る南吉。この文も音読されることを意識したのでしょうか。読点が少ないです。句読点で間を空けることで、意味句読みになっていきます。

〔意味句読み〕

①私には紙の童話も口の童話も同じジャンルだと思われる。

②紙で読んで面白くない童話は口から聞かされても面白くない。

③口から聞かされてつまらない童話は紙で読んでもつまらなくないはずがない。

④このことは童話ばかりではなく、大人の小説についてもいえると思う。

⑤小説が口から離れて紙に移ったところから小説の堕落がはじまるのである。

⑥それが嘘だというなら、・

⑦例えば西鶴やトルストイや宇野浩二などのすぐれた小説を読んで見るとよろしい。

⑧そこにはあなた方は作家の手からでなく、作家の口から出て来る息吹きのこもった言葉をきくであろう。

♪音読を聞こう・音読しよう No.45

おわりに

現在のような句読点が使われるようになったのは、つい百数十年前のことです。

明治になり、外国語で使われている区切り記号を見習い句読点が使われるようになりました。公的に句読点法案が出されたのは、一九〇六（明治三九）年です。

子どもの作文に句読点をつけるように指導されるのも、明治四十年代になってからのようです。

一九二五（大正一五）年、芥川龍之介が、句読点について注目すべきことを書いています。

「僕等は句読点の原則すら確立せざる言語上の暗黒時代に生まれたるものなり。」

その後、一九四六（昭和二六）年。明治の句読点法を改訂した「区切り符号の使ひ方」が当時の文部省から出されました。ここには、「くぎり符号は、文脈を明らかにして文の読解を正しくかつ容易ならしめようとするもの」とあります。

明らかに、くぎり符号は、見て読解ができるための記号なのです。

読点については、十三項目について使い方が例示されています。

その中で　七番目に「かん、かん、かん」が例示され、この事例だけが「読みの間をあらはす」と記されています。

他の十二項目については「読みの間」ではないことは明らかです。

私が何度も記してきたことを、文部省が出した文書でも、暗に述べているのです。読点は音読のための記号ではないのです。

ところが、日本中で行われている音読を聞くと、まだ、読点にしばられている気がします。現前に「、」の記号があれば、気になることは仕方がないことです。

問題は、その「読点しばり」をそのままにし、すべての読点で間を空けてしまう読みを、子どもに示している事実があることです。

私は、読点を読み飛ばすところでは、テキストに読み飛ばす記号をつけています。

その記号が少し気になりますが、筆者のつけた読点も残しておきたい気がします。

私は、意味句読みを知り、即、子ども達に伝えました。

意味句読みをすることで、とたんに、子ども達の表情がよくなりました。文を読み下ろす心地よさと、映像が浮上し意味が分かることの心地よさの結果だと思います。

その子どもの姿を見ることができる教師の幸せ。意味句読みで、文章の読解力と発信力が高まります。意味句読みで、国語力が身体化していきます。

なお、本書がこのように形となりましたのは、ひとえに、学芸みらい社の樋口雅子編集長のおかげです。メールのやりとりをしている中で、昨年、意味句読みについて取材を受けたときの新聞記事をお送りしました。そうしたら、早速、何と、本のタイトルが送られてきました。それを見た瞬間、びびっときました。何をすべきか、分かりました。

その後、私としては、異例の早さで、執筆と録音をしていきました。樋口編集長のお顔を思い浮かべ、筆を進める。ああ、そう言えば、私の執筆のスタイルだったのだと気づきました。

本の執筆は、私にとって、最高の自学の場です。『指示の明確化で授業は良くなる』『AさせたいならBと言え―子どもの心が動く原則』『自学のシステムづくり』等々。

執筆という教師の自学にも、更なる師の切れ味のよい指示が不可欠ということを痛感いたしました。今回のタイトルは、今の私に必要なまさにタイムリーな自学のテーマでした。多くの先生方にとっても、タイムリーな自学のテーマではないかと、密かに思っています。

二〇二四年六月二〇日

岩下　修

全音声
ウェブ・ナビゲーション

パソコンで視聴する場合には、右のQRコードまたは
下のURLから全音声にアクセスすることができます。

https://www.gakugeimirai.jp/fukakuyomu-ondoku-audio

表紙の言葉

スマートフォン・
タブレットの場合はこちら

※読み取りづらい場合は拡大してから読み取ってください。

1章　意味句読みは日本語音読の基本

2章　意味句読みを身につける

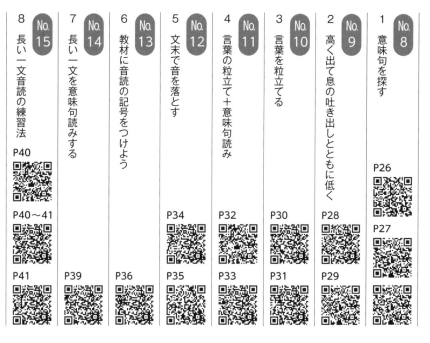

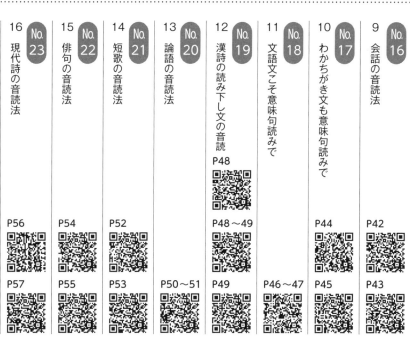

3章　意味句読みを子どもに伝える

No.24　1　とにかく追い読みで　P58　P59

No.25　2　一文に意味句が二つ以上あるとき　P60～61

No.26　3　先生との交替読み　P62～63

No.27　4　意味句読みを可視化　P64

No.28　5　音読するからだをつくる　P67

No.29　6　詩歌の音読の基本　P69

No.30　7　発声練習は早口言葉で　P70　P70～71　P71

No.31　8　漢詩音読で日本語を発声するからだに　P72～73

4章　意味句読みで国語の大変革を

No.32　3　ネットの中で見つけた音読　P82　P83

No.33　4　新美南吉のチャレンジ　P84　P85

No.34　5　江守徹氏「名人伝」の音読を聴こう　P86～87

5章　音読演習

[著者紹介]

岩下　修（いわした・おさむ）

公立小学校、立命館小学校、名進研小学校を経て、現在、国語授業クリエイター。各地の学校や研修会で、授業、模擬授業、講話を行い、指導法を発信中。1988年刊の『Ａさせたいなら Ｂと言え―心を動かす言葉の原則―』は、現在39版。韓国でも出版。2022年には『イラスト図解　Ａさせたいなら Ｂと言え』を刊行。その他、明治図書から『自学シリーズ』『岩下修の国語授業シリーズ』、小学館から『苦手が消える作文スタイル』等作文シリーズ刊行。最新刊は2024年刊『大人になってこまらないかんたん作文レッスン帳』（金の星社）。

国語授業に大変革！

深く読む“音読”

―音声入り「意味句読み」実践手引き―

GAKUGEI MIRAISHA

2024年10月5日　初版発行

著　者　岩下　修
発行者　小島直人
発行所　株式会社 学芸みらい社
〒162-0833　東京都新宿区箪笥町31番　箪笥町SKビル3F
電話番号 03-5227-1266
https://www.gakugeimirai.jp/
e-mail : info@gakugeimirai.jp
印刷所・製本所　藤原印刷株式会社
企　画　樋口雅子
校　正　菅　洋子
装丁デザイン・本文組版　小沼孝至
QRコード編集協力　大庭もり枝

落丁・乱丁本は弊社宛にお送りください。送料弊社負担でお取り替えいたします。

ISBN978-4-86757-062-3 C3037